D0610978

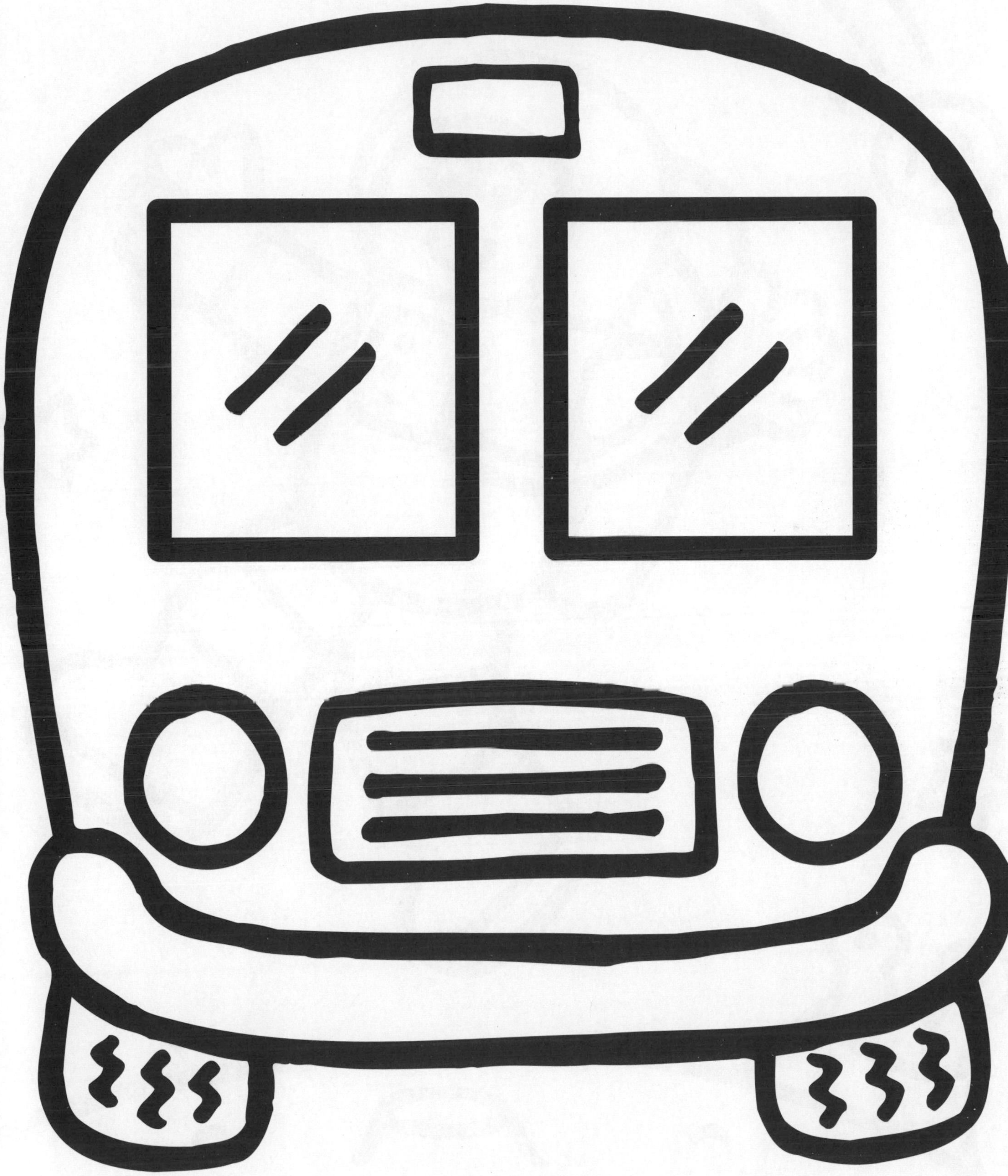

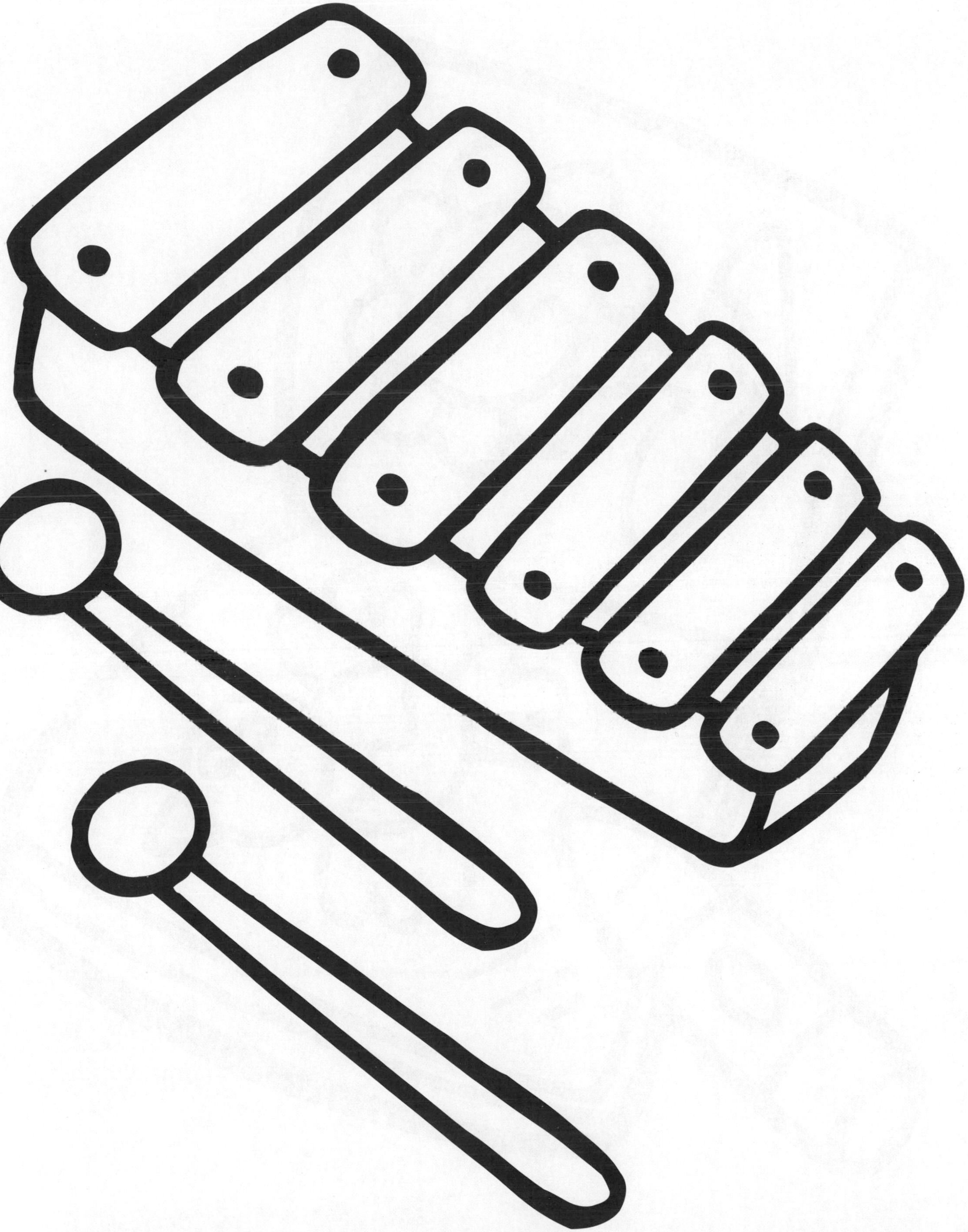

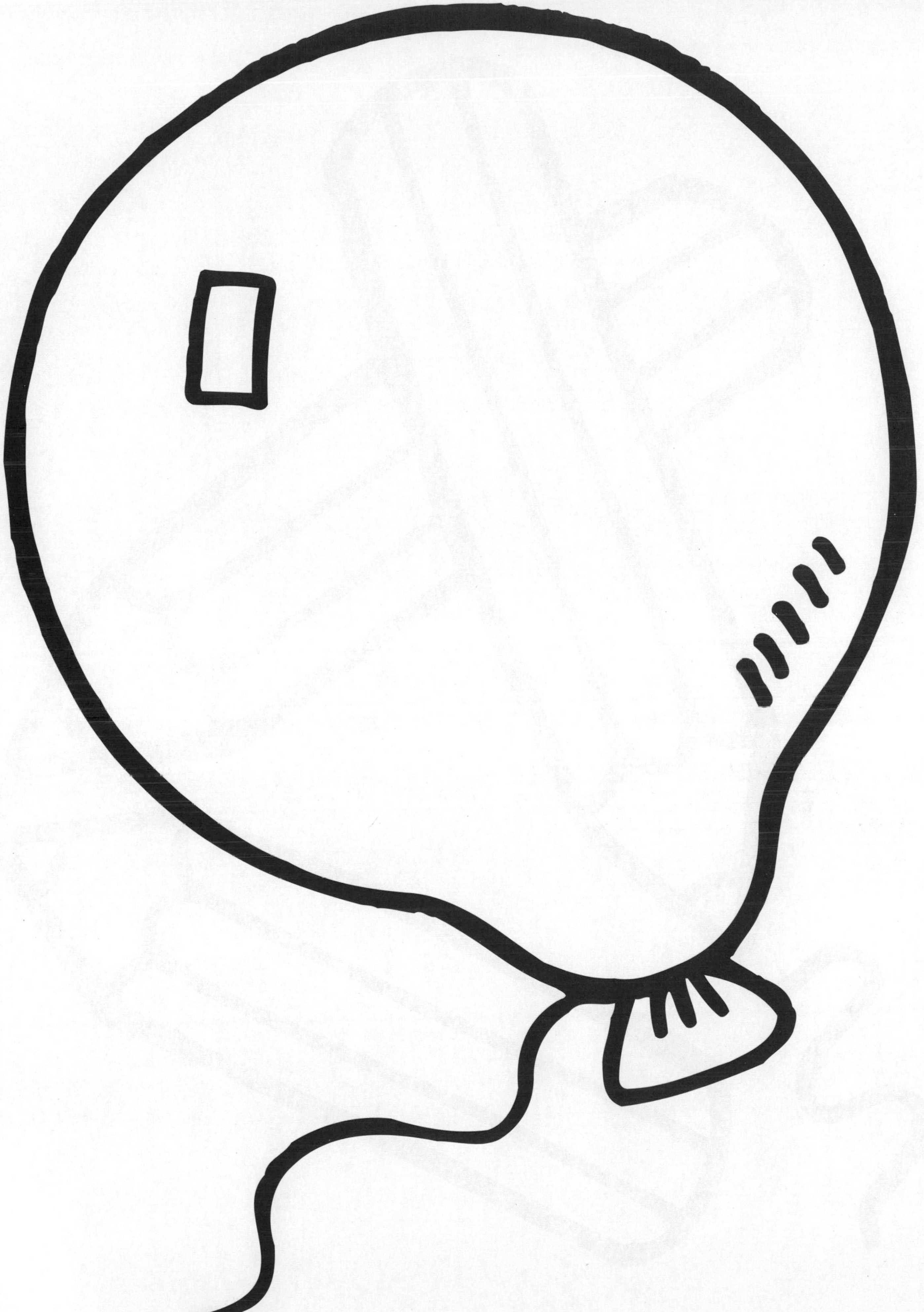

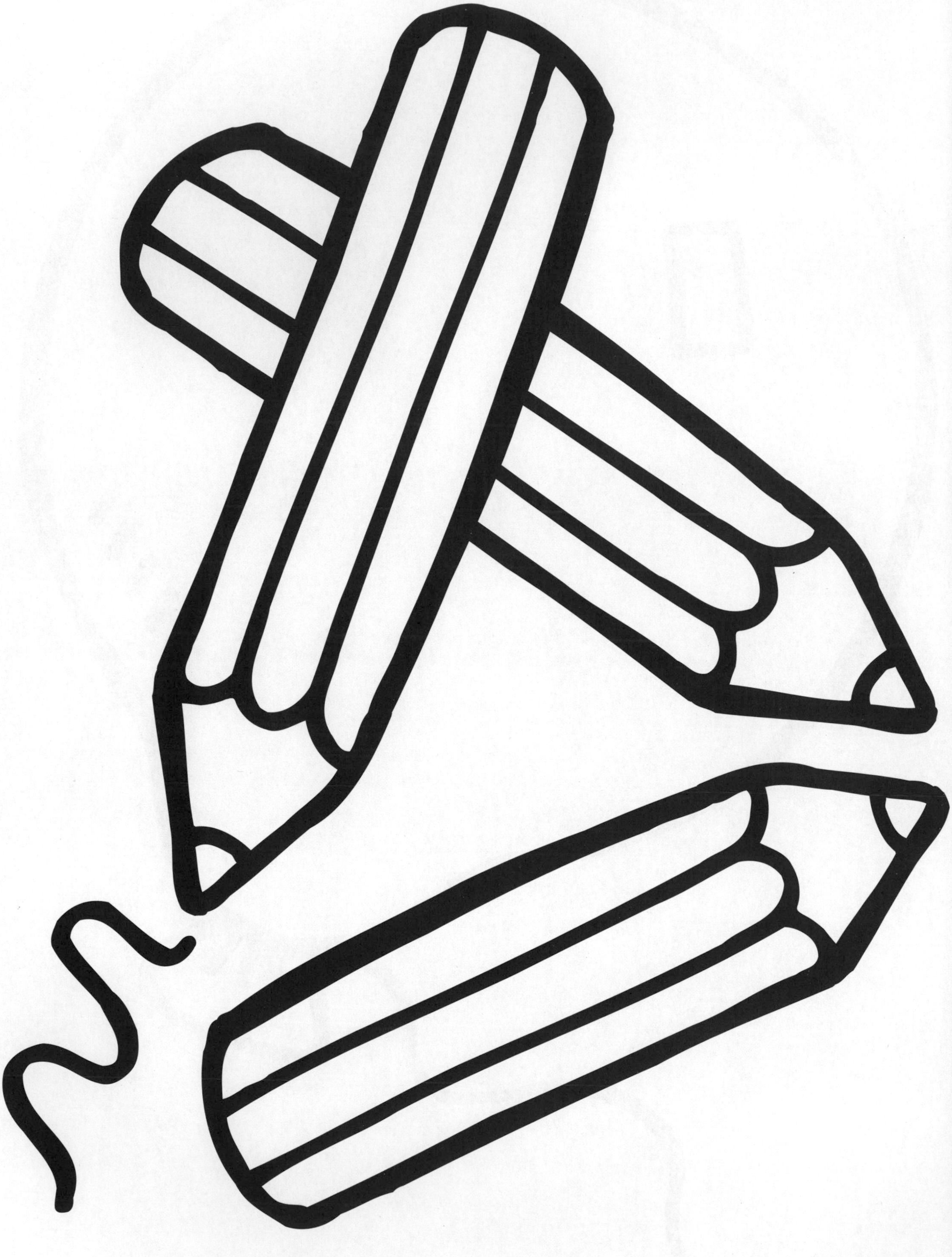

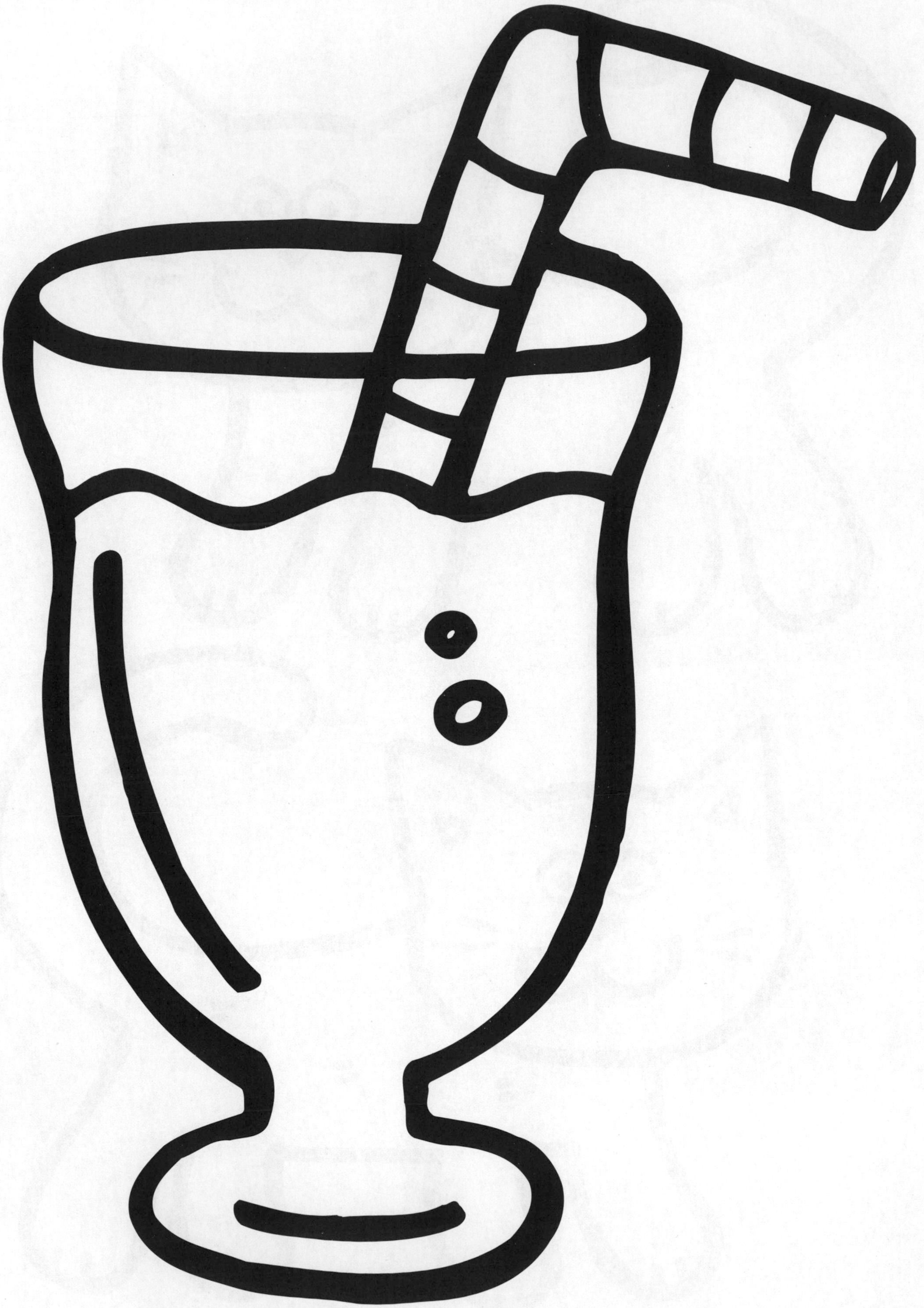

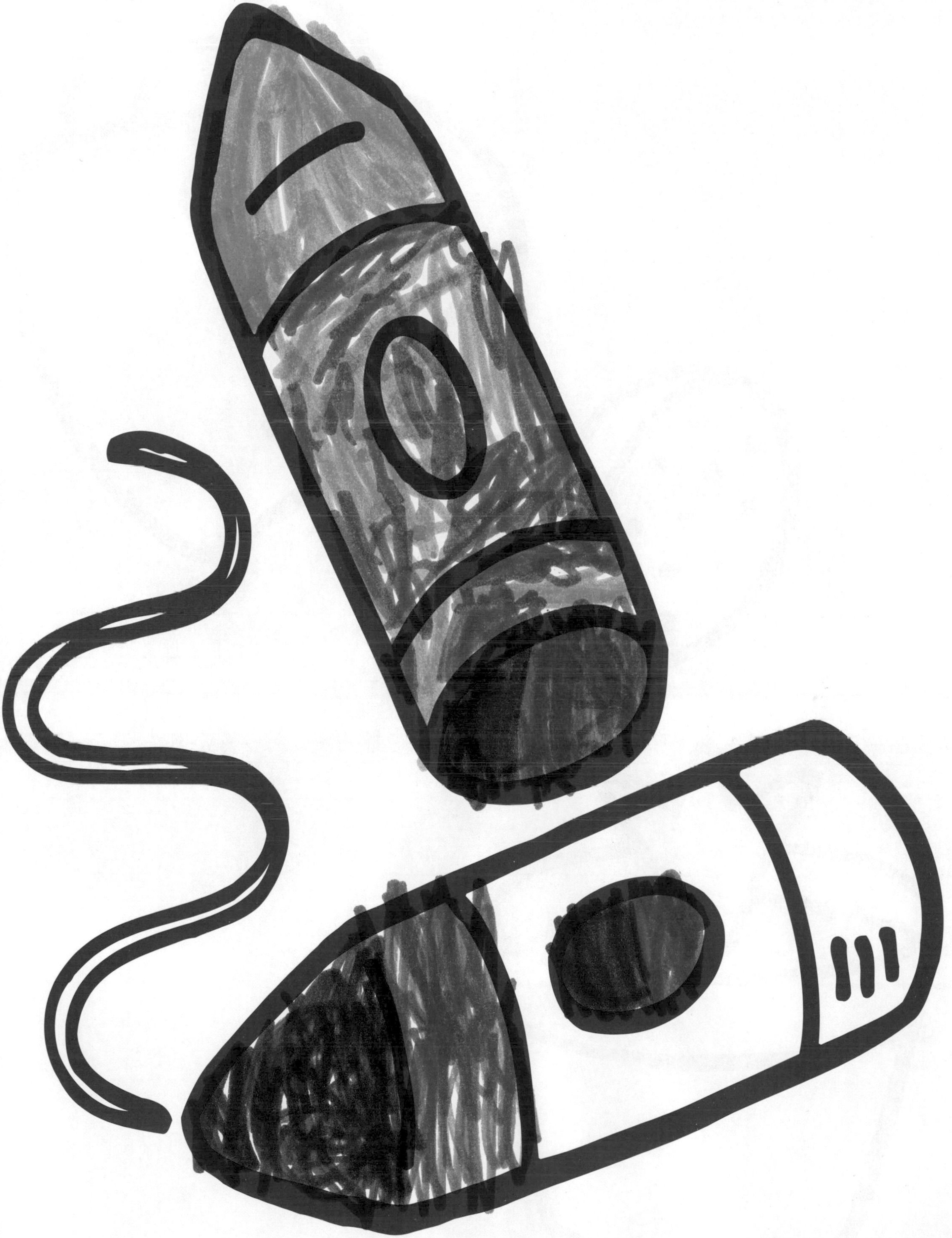